人生總有鳥事在發生

面對挫折的必修課

Someday a Bird Will Poop on You

A Life Lesson

蘇·撒爾維 Sue Salvi—文　　**梅根·凱莉 Megan Kellie**—圖

鄭煥昇—譯

我有個驚喜給你。

I have a surprise.

獻給奧基與奧斯卡，
去吧，去接受鳥屎的洗禮。

還有獻給約翰·布里登，
對於鳥屎，你有金身護體。

某漫長人生的某個點上，
在前方等待你的歲月裡，
會有那麼一天，
某隻鳥兒會大在你身上。

Sometime, in the long life
you have ahead of you,
there will be a day
when a bird will poop on you.

你的一生

Words & Phrases
ahead of 在……之前
poop [pup] v. 拉屎

因為天上有鳥兒在飛，

Because there are birds up in the sky,

而底下有人兒在走,

and there are people down below,

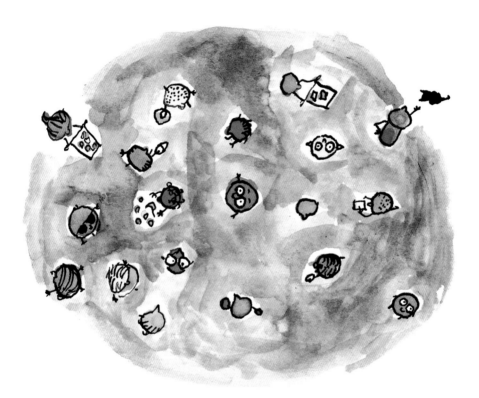

而你

and you

就是那些人裡的其中一個。

are one of those people.

所以，非常合理地
會有那麼一天，

你會感覺有樣東西在你頭上「ㄆㄧㄚ」地一聲，

So it just makes sense
that someday,

you might feel something plop on your head,

Words & Phrases

make sense 合理；有意義
plop [plɑp] v. 撲通掉下

或在你肩上「ㄆ一ㄚ」地一聲，

如果那天你剛好需要穿有翻領的行頭，
就有可能從你的西裝翻領往下滴落，

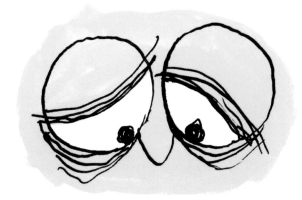

or splatter on your shoulder,

or dribble down your lapel,
if it's a lapel-wearing kind of day,

Words & Phrases

splatter [`splætə] v. 濺潑；濺污
dribble [`drɪb!] v. 滴下；細流
lapel [la`pɛl] n. 翻領

然後你伸手一摸，
只發現黏呼呼的鳥屎一坨。

and you'll reach for it and
feel the goo that is bird poo.

Words & Phrases
reach for 伸手去拿
goo [ɡu] n. 黏黏的物體

事情就是這樣發生的。

那天的你不會在出門的時候想著：
「今天我很確定某隻鳥兒會便便在我身上，
所以要帶一套換洗的衣服，
早早出門，
另外還要帶一些鳥屎專用的衛生紙。」

That's how it happens.

It won't be on a day
that you leave your house thinking,
"Today I'm sure a bird will poop on me
so I'll bring a change of clothes
and leave early
and I'll bring some bird toilet paper."

Words & Phrases
a change of 替換的……
toilet paper 衛生紙

或許每一天，
在世上的某個地方，

Probably every single day,
somewhere in the world,

都有人被鳥兒便便在身上。

someone is getting pooped on by a bird.

或許就在此刻，
就在這本書映入你眼簾的同時，

Maybe right now even,
as this book is happening to you,

有人在中國被一隻中國鳥兒大在身上。

someone in China
is getting pooped on by a Chinese bird.

或者有人在直布羅陀
被直布羅陀鳥兒大在身上。

Or someone in Gibraltar
is getting pooped on
by a Gilbraltarian bird.

Words & Phrases

Gibraltar [dʒɪˈbrɔltə] *n.* 直布羅陀

Gilbraltarian [ˌdʒɪbrɔˈterɪən] *adj.* 直布羅陀的

或者有人在緬因州
被來訪的加拿大鳥兒大在身上。

Or someone in Maine
is getting pooped on
by a visiting Canadian bird.

Words & Phrases
Maine [men] *n.* （美國）緬因州
Canadian [kəˋnedɪən] *adj.* 加拿大的

這種鳥事就是會發生。

It just happens.

你不會知道是什麼時候。
但肯定會是你最不希望它發生的時候。

You won't know when.
Other than that it will be at the worst possible time.

比方說你有重要面試的那天。

Like the day of an important job interview.

OFF ISS

Words & Phrases
job interview 工作面試

或是你有費心打扮的髮型要秀的那天。

Or the day you are flaunting an intricate hairdo.

Words & Phrases
flaunt [flɔnt] *v.* 炫耀
intricate [`ɪntrəkɪt] *adj.* 複雜精細的
hairdo [`hɛr͵du] *n.* 髮型

又或者你快要趕不上
一場頒獎典禮，
去領「什麼事都從不遲到」獎的那天。

Or the day you're running late
to a ceremony in which
you are to receive an award
for never being late
to anything.

什麼事都從不遲到

遲・到・了・啦！

所以……

So ...

在鳥兒便便在你身上的那天,

On that day the bird poops on you,

你要做出一項抉擇：

you have a choice:

你可以真的真的很生氣。
然後哭泣。
然後跺地。
然後仰天長嘯說：「人家不依啦！啦啊，嘎啊，喀啊！」

You can get really mad.
And cry.
And stomp.
And yell, "I don't want this to happen!
Raah, grahh, kerrrrr!"

Words & Phrases
stomp [stamp] v. 跺腳；重踩

然後讓它把一整天都給毀了。

And let it ruin the rest of your day.

＊你內心的感受

Words & Phrases
ruin [ˋrʊɪn] v. 毀壞

又或者你可以保持冷靜，
把鳥屎洗掉。

Or you can remain calm.
Wash it off.

扭

Words & Phrases

calm [kɑm] adj. 平靜的；鎮定的

wash off 洗掉；沖掉

嗯嗯嗯
啦啦啦
這毛巾真好聞。

也許你可以一笑置之。

算你厲害，鳥兒。

Maybe laugh about it, too.

就像這樣：「哈啊、哈啊。」

Like this: "Har har."

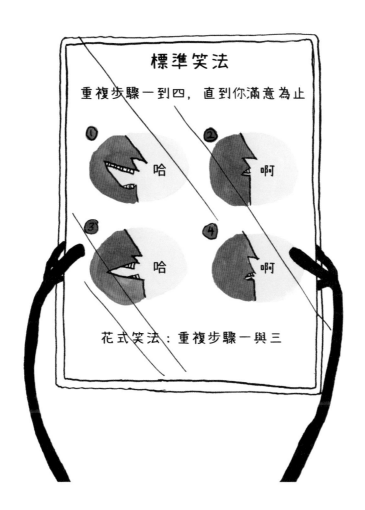

然後你可以這麼想：
「現在有變大的機會，我有段時間不會被鳥兒便便在身上。」
萬一還是被便便襲擊了呢？
那你就會有一個很好笑的故事可以講！

Then think to yourself:
"Now, chances are, I won't have another bird poop on me for a while."
And if one does?
What a hilarious story that will be!

Words & Phrases
hilarious [hɪˋlɛrɪəs] adj. 令人捧腹的；愉快的

我沒事！！

I'M OKAY!!!

全劇終。

The End.

片尾小驚喜

噓，沒事的，
噓噓……

可是……
我已經大了這麼久，卻一個人都沒有打中過。
從來沒有。要是我不是這塊料怎麼辦，
傑瑞？我這樣還算是鳥兒嗎？
萬一我其實不是鳥怎麼辦？
萬一我其實是隻蜥蜴怎麼辦？
不。我是蜥蜴嗎？

你就繼續便便
就是了。

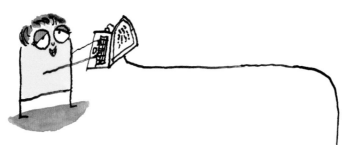

蘇·撒爾維 /文

蘇很珍惜她一路上收集到的鳥兒便便，包括就在她準備參加超級神聖的教會活動，而且要上台演講的前一刻，左前臂那一大坨怪物級的屎擊事件。故鄉在賓州匹茲堡的蘇現與老公跟兩個兒子以芝加哥為家。她偶爾會在鎮上演出即興劇或搞笑短劇。遊隼到過她家後院，目前次數累計兩回。

梅根・凱莉／圖

梅根深以她在地球上收集到的鳥兒便便為榮。有一回人坐在公園裡的她心想：「哇，這感覺就像我人在某本印刷精美的手冊裡似的。」想著想著，她就被鳥兒大在身上了，就像鳥兒在提醒她人不在手冊裡似的。住在芝加哥的她也是又寫作又表演的那種人，是手一癢會什麼都想自己動手做的那種人，也是覺得餐廳的天花板低一點比較好的那種人。

特別要感謝的人

包括保羅・葛隆迪（Paul Grondy）

R. T. 德爾斯頓（R.T. Durston）

海瑟・史孔巴（Heather Skomba）

約翰・布里登（John Bleeden）

茱莉・瑞吉曼（Julie Regimand）

丹尼爾・拉瑟（Daniel Lazar）

麥可・賽瑟班（Michael Szczerban）

隆・拉瑟雷提（Ron Lazzeretti）

隨身攜帶的
口袋小卡

勇敢如我呀，
這是我的
鳥兒便便集點卡

（被大到一次集一點）

集滿：換新卡

勇敢如我吶，

這是我的

鳥兒便便集點卡

（被大到一次集一點）

集滿：換新卡

勇敢如我啊，
這是我的
鳥兒便便集點卡

（被大型一次集一點）

集滿：換新卡

勇敢如我呀，

這是我的

鳥兒便便集點卡

（被大到一次集一點）

集滿：換新卡

勇敢如我啊，
這是我的
鳥兒便集點卡

（被大型一次集一點）

集滿：換新卡

這是我的
一堆鳥事集點卡

（遇到一次鳥事集一點）

Tip 可搭配隨書附贈的貼紙
或自備印章使用喔！

這是我的
一堆鳥事集點卡

這是我的
一堆鳥事集點卡

這是我的
一堆鳥事集點卡

這是我的
一堆鳥事集點卡

這是我的
一堆鳥事集點卡

標準笑法

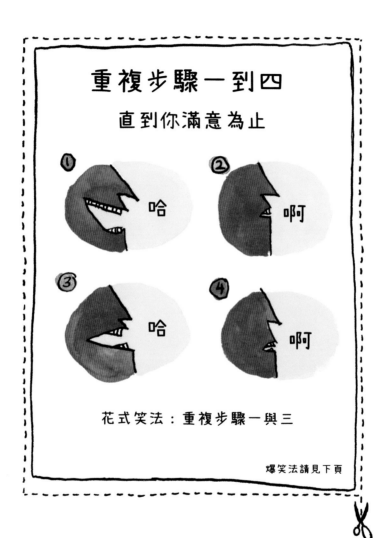

正確的爆笑法

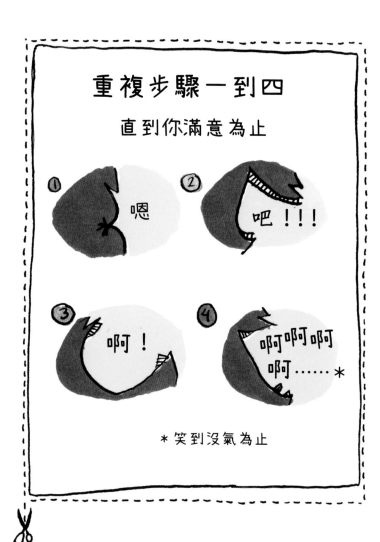

Notes

Notes

Notes

人生總有鳥事在發生：面對挫折的必修課 / 蘇‧撒爾維 (Sue Salvi) 文；梅根‧凱莉 (Megan Kellie) 圖；鄭煥昇譯 . -- 初版 . -- 臺北市：時報文化，2019.05
　　面；　公分 . -- (人生顧問；356)
譯自：Someday a bird will poop on you : a life lesson
ISBN 978-957-13-7754-4(精裝)

1. 生活指導 2. 調適 3. 挫折 4. 繪本

177.2　　　　　　　　　　　　　　　　　　　　　　　　　　108004227

SOMEDAY A BIRD WILL POOP ON YOU: A Life Lesson

Text by Sue Salvi and illustrated by Megan Kellie

Copyright © 2018 by Sue Salvi and Megan Kellie

Complex Chinese edition copyright © 2019 by China Times Publishing Company

Published by arrangement with Writers House, LLC through Bardon-Chinese Media Agency

All rights reserved.

ISBN 978-957-13-7754-4

Printed in Taiwan.

人生顧問 356

人生總有鳥事在發生──面對挫折的必修課

文 蘇‧撒爾維 (Sue Salvi)、圖 梅根‧凱莉 (Megan Kellie) ｜ 譯 者 鄭煥昇 ｜ 主 編 陳家仁 ｜ 企劃編輯 李雅蓁 ｜ 行銷副理 陳秋雯 ｜ 美術設計 FE 設計 ｜ 編輯總監 蘇清霖 ｜ 發行人 趙政岷 ｜ 出版者 時報文化出版企業股份有限公司　10803 台北市和平西路三段 240 號 4 樓　發行專線一(02)2306-6842　讀者服務專線一0800-231-705‧(02)2304-7103　讀者服務傳真一(02)2304-6858　郵撥一19344724 時報文化出版公司　信箱一台北郵政 79-99 信箱　時報悦讀網一www.readingtimes.com.tw ｜ 法律顧問 理律法律事務所　陳長文律師、李念祖律師 ｜印刷 勁達印刷有限公司 ｜ 初版一刷　2019 年 5 月 17 日 ｜ 定價 新台幣 280 元 ｜（缺頁或破損的書，請寄回更換）

時報文化出版公司成立於一九七五年，一九九九年股票上櫃公開發行，二〇〇八年脱離中時集團非屬旺中，以「尊重智慧與創意的文化事業」為信念。